AF193780

Dirección editorial: Raquel Franco
Edición: Ruth Kaufman
Diseño: Wili Peloche
Edición para España: MSA agencia editorial
Corrección: Inés Prezelin y Roser Casamayor

© 2022, Pequeño editor
© del texto, Luciano Saracino
© de las ilustraciones, Ernesto Guerrero

© 2026, Éditions Auzou.
Primera edición, España, abril de 2026.
Fabricado por Éditions Auzou,
24-32, rue des Amandiers, 75020 París, Francia.
auzou.es

 **ediciones_auzou**

texto Luciano Saracino

ilustraciones Ernesto Guerrero

¿Y TÚ QUÉ LE HAS DICHO?

BUENO, LE HE DICHO QUE...

MIRA, MAX; SOMOS AMIGOS DESDE LA GUARDERÍA Y LOS AMIGOS NO SE TRATAN ASÍ. YO TE TRATO BIEN, ASÍ QUE TE PIDO POR FAVOR QUE ME TRATES BIEN TAMBIÉN TÚ A MÍ.

¿Y ÉL QUÉ TE RESPONDIÓ?

ME RESPONDIÓ QUE...

¿ALGUIEN ME HABLA? PORQUE YO NO VEO A NADIE. ¿HAY ALGUIEN POR AQUÍ?

Parte 2
Waterson

DÉJAME PENSAR QUÉ HA DICHO ESTA VEZ. ¿A VER? ¡YA SÉ!

«LOS NIÑOS NO PUEDEN SER AMIGOS DE LAS NIÑAS PORQUE LAS NIÑAS SON... UN ROLLO».

O ESTA OTRA: «NO PUEDO PRESTARTE MIS JUGUETES PORQUE LAS NIÑAS NO SABEN JUGAR CON COCHECITOS».

O LA MEJOR: «LIS NINIS SIN MIDISIS, LIS GISTIN LIS INIQUIRNIS (QUI SIN ÑIÑIS) Y LLIRIN PIR QUILQUIR QUISI».

17

ESA. LA ÚLTIMA. ¿CÓMO LO HAS ADIVINADO?

SE TRATA DE MAX, MALENA. NO DE EINSTEIN.

LO QUE NO PUEDO ENTENDER ES POR QUÉ TODAVÍA TE MOLESTA LO QUE DIGA.

BUENO...

LA VERDAD ES QUE TENGO MIEDO DE ALGUNAS COSAS. LE PASA A TODO EL MUNDO, NO SOLO A LAS NIÑAS. SEGURO QUE LOS NIÑOS TAMBIÉN TIENEN MIEDO. Y LOS ADULTOS.

Y LOS EQUINOS CON CUERNOS EN LA FRENTE.

SEGUNDO: CLARO QUE ME GUSTAN LOS UNICORNIOS. Y NO ME IMPORTA QUE SEAN ÑOÑOS.

¡EY!

Y TERCERO, SÍ, LLORO... PERO ESO ES COSA MÍA.

TAL CUAL.

SI TIENES TAN CLARO QUE LO QUE DICE NO TIENE NINGÚN TIPO DE IMPORTANCIA... ¿POR QUÉ ESA CARA?

PORQUE ES MI AMIGO. Y NO ME GUSTA QUE MI AMIGO ME TRATE ASÍ.

¿QUIERES QUE ME HAGA CARGO? PUEDO HACER QUE PAREZCA UN ACCIDENTE.

¡WATERSON! NO DIGAS ESO NI EN BROMA. ADEMÁS...

ERES UN UNICORNIO. Y LOS UNICORNIOS SON DULCES Y TIERNOS E INOFENSIVOS.

¡EY!

TENGO UN CUERNO, ¿LO VES? ¿DESDE CUÁNDO UN CUERNO ES DULCE Y TIERNO E INOFENSIVO?

¿QUIERES QUE TE CUENTE DE LA VEZ EN QUE NOS ENFRENTAMOS CON AQUELLA HORDA DE VAMPIROS?

NO. NO QUIERO.

BUENO. PERO GANAMOS.

¿SERÁ UN PÁJARO?

UNA RAMA SEGURO QUE NO ES, PORQUE EL ÁRBOL ESTÁ LEJOS.

LO VOY A AVERIGUAR YO MISMO, QUE PARA ALGO NO SOY UNA NIÑITA.

PERO...

¿ERES DE VERDAD?

TENEMOS QUE HABLAR DE ALGUNOS ASUNTOS, MAX.

Parte 3
Los
Calcetines

A LEVANTARSE, MALE. YA ESTÁ SERVIDO EL DESAYUNO.

¡YA VOY, PAPÁ!

¿DÓNDE ESTÁS? ¿DONDE TE HAS METIDO?

MIAU.

29

EN ESTE MUNDO EXISTEN PREGUNTAS QUE ES IMPORTANTE HACER CON MUCHO CUIDADO, MALE.

LA SOLA RESPUESTA A ESAS PREGUNTAS PUEDE CAMBIAR EL CURSO DE LOS ACONTECIMIENTOS PRESENTES Y FUTUROS.

¿EXISTE VIDA EN OTROS PLANETAS? ¿CÓMO ES EL INTERIOR DE LAS CHISTERAS DE LOS MAGOS? ¿POR QUÉ LA COLIFLOR, AL HERVIRSE, HUELE TANTO A...?

¡PAPÁ!

LO QUE PASA CON LOS CALCETINES CADA NOCHE ES UNOS DE ESOS MISTERIOS INSONDABLES, MALENA. Y TODAVÍA NO HAY CIENTÍFICO NI AVENTURERO QUE HAYA PODIDO DAR CON UNA RESPUESTA FEHACIENTE.

TE HE PREGUNTADO SI A TI TAMBIÉN SE TE PERDÍAN. ¿POR QUÉ NO PUEDES RESPONDER NUNCA COMO UNA PERSONA MÁS O MENOS NORMAL?

PORQUE LA RESPUESTA ESTÁ BAJO TUS OJOS.

GRACIAS.

YOU'RE WELCOME.

Parte 4
Los Niños.

HOLA, MAX.

HOLA, MALE.

¿TE PASA ALGO?

¿POR?

NO SÉ... NO ESTÁS CORRIENDO POR TODO EL PATIO TRATANDO DE SACARLE LA PELOTA A OTRO A CODAZOS...

AH. ESO.

LO QUE PASA ES QUE AYER TUVE UN SUEÑO MUY RARO.

¿ME LO QUIERES CONTAR?

¿ESE UNICORNIO, POR CASUALIDAD, NO ERA BLANCO CON EL PELO AZUL?

¡EXACTAMENTE ASÍ! ¿CÓMO LO SABÍAS?

SEGURAMENTE HABRÉ LEÍDO ALGÚN CUENTO PARA NIÑAS CON UN UNICORNIO PARECIDO.

SEGURAMENTE NO TE HIZO NADA MALO WAT... EL UNICORNIO ESE, ¿VERDAD?

¿MALO? QUÉ VA.

¡FUE EL MEJOR SUEÑO DE TODA MI VIDA!

«PRIMERO CABALGAMOS SOBRE UN ARCOÍRIS».
«EN REALIDAD, SE LLAMA "PORTAL MÁGICO MULTICOLOR"».
«¿CÓMO LO SABES?».

«DESPUÉS LLEGAMOS A UN LUGAR DE LO MÁS EXTRAÑO».
«¿OS RECIBIÓ UN DUENDE AL QUE NO SE LE ENTIENDE NADA LO QUE DICE?».
«¡SÍ! ¿CÓMO LO SABES?».
«TÚ SIGUE».

«EN UN MINUTO, EL UNICORNIO MONTÓ UN CINCO CONTRA CINCO Y NOS PUSIMOS A JUGAR AL FÚTBOL».

«EL CÉSPED ERA PERFECTO. EL BALÓN GIRABA COMO EN UN SUEÑO».
«¿NO ME HAS DICHO QUE ERA UN SUEÑO?».
«SÍ. PERO UN SUEÑO RARO. DE ESOS QUE PARECEN DE VERDAD».

«EN UN MOMENTO, ESQUIVÉ A TODOS Y LE TIRÉ UN CENTRO AL UNICORNIO, QUE ESTABA SOLO EN EL ÁREA».

«Y ESE FUE EL FINAL DEL PARTIDO».

UPS.

«LOS UNICORNIOS NO SON BUENOS CABECEADORES».

«Y DESPUÉS TUVE UNA CHARLA DE LO MÁS EXTRAÑA CON EL UNICORNIO».

¿TE PUEDO HACER UNA PREGUNTA, MAX?

SI NO ES DE MATEMÁTICAS.

NAH...

¿TÚ NO TIENES MIEDO DE NADA?

TODO EL MUNDO TIENE MIEDO DE ALGO, ¿VERDAD?

YO TENGO MIEDO A PERDERME Y QUE NO ME ENCUENTREN.

A QUE MI MAMÁ NO ME QUIERA.

Y A LOS PAYASOS, CLARO.

43

HOY MAX ME HA ENSEÑADO POR QUÉ ES TAN DIVERTIDO JUGAR A LA PELOTA. Y YO LE HE ENSEÑADO LOS PODERES DE MI MUÑECA.

AH.

¿Y? ¿ESTUVO BIEN?

SÍ. AUNQUE NO HE ENTENDIDO NADA CUANDO ME HA EXPLICADO EL FUERA DE JUEGO.

AH.

YO TAMPOCO LO ENTIENDO MUY BIEN.

TE ASEGURO QUE PODRÁS VIVIR SIN EL FUERA DE JUEGO.

Parte 5
Yo

TIENES MEJOR CARA.

SUPONGO QUE EL ASUNTO CON «LIS NINIS SIN MIDISIS, LIS GISTIN LIS INIQUIRNIS (QUI SIN ÑIÑIS) Y LLIRIN PIR QUILQUIR QUISI» SE HA SOLUCIONADO, ENTONCES.

SÍ. A PESAR DE QUE LE DIJE A ALGUIEN QUE NO SE LE OCURRIERA METERSE Y ACABÓ METIÉNDOSE IGUAL.

GRACIAS, IGUALMENTE. HAS SIDO DE GRAN AYUDA.

DE NADA. ESTOY PARA SERVIRTE.

NO. ERES MI AMIGO. ESTÁS PARA HACERME FELIZ.

COMO MAX.

¿ENTONCES, QUÉ?

¿TE VAS A QUEDAR TODA LA NOCHE ESPERANDO A QUE LOS CALCETINES HAGAN SU *SHOW*?

ESA ERA MI IDEA. PERO LA VERDAD ES QUE HA SIDO UN DÍA MUY AGOTADOR.

¿TE QUEDAS DESPIERTO HASTA QUE ME DUERMA, WATERSON?

55

Luciano Saracino

Nació en Buenos Aires, en 1978. Escribe cuentos para niños y niñas,
historietas, dibujos animados y un montón de cosas más.
Si le preguntan sobre sus libros preferidos, seguro que contesta *Agendas
Monstruosas, Cuentos con Sombrero* y *El Niño Escafandra* (entre otros). Si le
preguntan por su trabajo como guionista de televisión, ahí va a nombrar *La
Princesa Medialuna* e *Historias entre Tumbas* (los dos de Paka Paka).
Vive con Vico y Male en una casita que soñaron entre los tres. Es experto en
caminar por la vereda sin pisar las rayitas, y pocas veces usa dos calcetines
iguales. Cuando se le pregunta sobre aquello, suele cambiar de tema o
fingir una abducción extraterrestre.

Ernesto Guerrero

Nació un 11 de septiembre de 1979, en Mendoza.
Desde niño siempre ha hecho dos cosas con frecuencia: dibujar y leer
historietas. Con el paso del tiempo empezó a crear sus propias historietas:
en la primaria, en la secundaria ¡y también en la universidad!
Estudió diseño gráfico, ilustración y comenzó dibujando libros de literatura
infantil. Hasta que un día, Luciano Saracino tocó a la puerta de su casa
con el guion de *Waterson*. Ernesto lo creó disfrutando como
cuando era un niño que se pasaba el día entero leyendo
y dibujando historietas.